Das kann nur ein Buch

Allan Wolf

illustriert von
Brianne Farley

MIDAS

Wir lesen in Büchern Dinge, die bleiben.
Wir lernen das Sprechen und Denken.

Wir spielen die Mundharmonika.
Wir gehen zu Freunden zu Besuch.
Es begleitet uns immer, ist immer da.
Das kann nur ein Buch.

Doch Schriften wären nur schwarze Flecken
ohne die denkenden Wesen,
die in Buchstaben eine Bedeutung entdecken
und auch zwischen den Zeilen noch lesen.

Also steig ein in den Buchexpress,
der wartend am Bahnhof steht.
Die Abfahrt beginnt ganz ohne Stress.
Doch weißt du, wohin die Reise geht?

Sie führt ins größte Land der Welt,

in deine Fantasie!

Das kostet überhaupt kein Geld,
und langweilig wird es nie!

Ich kenne alle Planeten, auch kleine,
und bin Sternen auf der Spur.
Das Mondlicht füll ich in Flaschen, sehr feine.
Das ist eine längere Prozedur.

Ich berechne sogar die Flugbahnen
von Raketenstartrampen ins All.
Ich baue ein Teleskop im Haus,
der Mond wirkt dann groß wie ein Ball.

Sie hat die Sonne fotografiert,
meine selbstgebaute Kamera mit Loch.
Mein Freund hat das mit mir ausprobiert –
auch das kann nur ein Buch.

1.

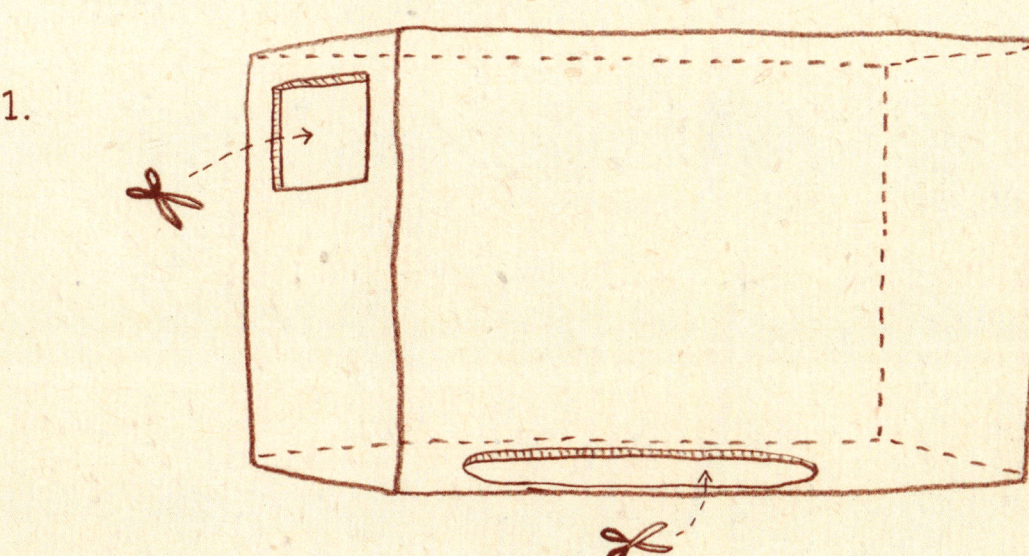

2.

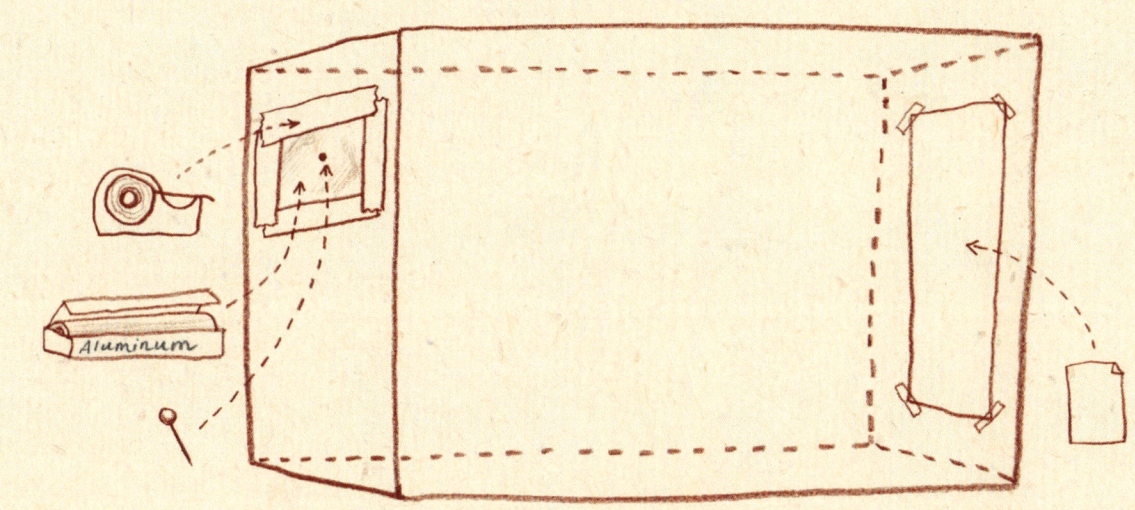

3.

Meine Startrampe
ist ein Buch voller Wissen,
Sternbilder liegen auf meinem Schoß.
Als Fahrzeug nehme ich
gerne ein Kissen,
denn meine Fantasie
ist groß.

Ich wanderte durch den Himalaya.
Der Rückenwind war stark.
In Indien aß ich Papaya
auf dem Rücken eines Yak.

In Afrika traf ich Antilopen.
Ich küsste ein Krokodil.
Ich segelte sogar durch die Tropen
und ganz allein auf dem Nil.

Ich bereiste die Welt von hier nach da
und schaute mir alles an:
China, Russland, Rom sogar,
Neuguinea und auch den Sudan.
Neuseeland, Australien, hoch oben Peru,
in Puerto Rico war ich am Strand.
Von Kanada bis nach Kathmandu,
und ich reiste auch nach Schottland.

Es gibt so viele famose Orte
voller Wunder und Magie.
Doch die Bilder im Buch und seine Worte
entführen mich in meine Fantasie!

Ich reise an jeden Ort als Tourist
und bleibe gern zu Besuch.
Allein bin ich nie, weil
ein Freund bei mir ist.
Und auch das kann nur ein Buch.

Also steig ein in den Buchexpress!
Die Reise kann beginnen.
Die Tickets dafür, die gibt es
nur in der Fantasie zu gewinnen.

Und zögerst du noch oder wieder einmal,
dann verrat ich dir den ersten Schritt:
Nimm einfach ein Buch aus dem Regal …

… und schon nimmt es dich mit!

Für Peter, Kaye und Sarah Graham –
die besten Bücherfreunde der Welt!
AW

Für Ruth, Dasha, Peter und Thyra,
und, wie immer, für Jon
BF

© Text: 2021 Allan Wolf
© Illustrationen: 2021 Brianne Farley

Alle Rechte vorbehalten

1. Auflage 2022

ISBN 978-1-03876-222-5

Übersetzung: Marietheres Wagner
Lektorat: Claudia Koch
Gestaltung: Gregory C. Zäch
Handlettering: Annika Raue

Originalausgabe:
Walker Books, London

Druck: Grafisches Centrum Cuno

Printed in Europe

Midas Verlag AG
Dunantstrasse 3
CH 8044 Zürich

www.midas.ch